Loslassen

Wie du mit der Vergangenheit Frieden schließen kannst

Nora Beck

INHALTSVERZEICHNIS

EINLEITUNG

"Loslassen bedeutet die Bilder und Emotionen, den Groll und die Angst, das Festhalten und die Enttäuschungen der Vergangenheit, die unseren Geist binden, freizusetzen." – Jack Kornfield

Es gibt keinen Menschen auf der Welt, der noch nie Scham, Zorn, Trauer und Bedauern wegen Vorfällen aus der Vergangenheit gefühlt hat. Die Kraft dieser Gefühle und Erlebnisse ist so groß, dass sie droht uns zu definieren, unsere Persönlichkeiten zu formen und unsere Zukunft zu diktieren. Aber dies ist ein gefährlicher Weg und wir dürfen es uns nicht erlauben ihn zu folgen, wenn wir daran arbeiten wollen so zu leben wie wir es uns wirklich wünschen. Um unsere ideale Existenz zu realisieren, um Glück und Erfüllung zu finden, müssen wir lernen die Gegenwart zu ergreifen während die Vergangenheit trotzdem anerkennen. Mit jeder Lebenserfahrung erschaffen wir unsere eigene Geschichte, die eine Reihe von erstaunlichen Geschenken beinhaltet, die nur darauf warten entdeckt zu werden. Unsere Vergangenheit kann uns zurückhalten wenn wir es erlauben. Aber wenn wir uns Zeit nehmen herauszufinden wie, dann können wir einen Weg finden sie hinter uns zu lassen und uns auf dem Pfad zu größerem Erfolg und Glückseligkeit bewegen.

Mit der Vergangenheit Frieden zu schließen ist eine Reise, und genau wie viele andere Reisen ist sie nicht leicht. Um zu reisen muss dir bewusst sein was für Auswirkungen die Vergangenheit auf deine Gegenwart hat, und du musst dir selbst gegenüber ehrlich sein, welche Rolle du in der Entwicklung deines Lebens gespielt hast. Auf diesem Pfad dreht sich alles darum die Rolle des Opfers aufzugeben und neue Kräfte zu entdecken, von denen du vorher nicht einmal gewusst hast. Sich selbst zu behaupten und Kontrolle über das eigene Leben zu gewinnen, wird dich nicht nur zu der emotionalen Gesundheit führen, nach der du suchst, sondern auch an einen Ort der absoluten Freiheit bringen, wo du wirklich so sein kannst wie du willst. Es ist unvermeidlich Schmerz und Widerstand im Leben zu erfahren aber es liegt an einem selbst ob man andauernd leidet. Wenn du dich auf diese Reise begibst wirst du sehen, dass sich dir unterschiedliche Möglichkeiten eröffnen, wenn du lernst loszulassen.

Im Verlauf der verschiedenen Kapitel fühle wie sich dir Möglichkeiten des Heilens und Wachsens eröffnen, die sich auf diesen Seiten befinden. Du bist hier weil du ein Leben frei von negativen Vergangenheitsverbindungen und zerstörerischen Erinnerungen führen möchtest. Du kannst sie für immer hinter dir lassen wenn du bereit bist Zeit zu investieren. Beachte jedoch, dass der Prozess des Loslassens sich schwieriger gestalten könnte als du dachtest. Aber weiß, dass du am richtigen Pfad bist und solange du die Reise weiterhin mit Ehrlichkeit, Courage und unermüdlichen Engagement in Angriff nimmst, wirst du belohnt werden. Die Früchte deiner Arbeit werden die Chance dich selbst zu lieben und zu akzeptieren sein, als du Frieden mit der Vergangenheit schließt und ein Leben voller Glückseligkeit und mehr Möglichkeiten entdeckst.

KAPITEL 1: VERURSACHT DEINE VERGANGENHEIT DIR SCHMERZ?

"Manche Menschen glauben, dass festhalten und durchhalten Zeichen großer Stärke sind. Aber zuweilen braucht man viel mehr Stärke um zu wissen wann man loslassen soll und es dann zu tun."– Anne Landers

Der Prozess sich mit einer schwierigen Vergangenheit zu versöhnen und voranzuschreiten kann unglaublich schwierig sein. Oft erscheint es leichter mit Bedauern zu leben und vergangene Entscheidungen zu über-analysieren anstatt die häufig herzzerreißenden Schritte zu gehen und dein Leben zurück zu gewinnen. Wenn du feststellst, dass du zögerst, gefangen in der Vergangenheit, musst du mit dir selbst ehrlich sein wie es dein Leben beeinflusst. Bereitet dir die Fixierung auf die Vergangenheit Schmerz? Grübelst du über Entscheidungen, die du gemacht hast nach, über die Fehlentwicklungen, und fragst dich ständig "Was wäre wenn?" Falls du ja zu einer dieser Fragen geantwortet hast, verletzt du dich vielleicht noch mehr als dir bewusst ist.

Laut Vincent J. Felitti MD, einem Internist der Southern California Permanente Medical Group in San Diego, gibt es einen ausgeprägten Zusammenhang zwischen frühen traumatischen Erlebnissen und mangelnder Gesundheit. Nach seinen Angaben stehen negative Erfahrungen in der Kindheit in Verbindung mit den derzeitig häufigsten Todesursachen in der USA. Gemeinsam mit den Zentren für Krankheitskontrolle und Prävention (Centers for Disease Control and Prevention) führte Dr. Felitti eine Studie mit über 20,000 Erwachsenen durch und fand ein paar Interessante Zusammenhänge. Seine Ergebnisse offenbarten, dass es für Individuen, die in Haushalten geprägt von Gewalt, Drogenmissbrauch, psychischer Erkrankung, oder kriminellen Verhalten aufwuchsen, viel wahrscheinlicher war eine ernsthafte Krankheit als Erwachsene zu entwickeln. Diese Krankheiten reichten von Bronchitis, bis hin zu Herzerkrankung, Diabetes und Krebs (unter anderem).

Dr. Felitti entdeckte, dass diese negativen Kindheitserfahrungen in vielen Fällen Zorn, Angstgefühle und Depression in den Leidenden verursachten, was zu anderen problematischen Verhalten, wie zum Beispiel Rauchen, Drogenmissbrauch und übermäßigen Essen, führte. Dr. Felitti postulierte dass diese Verhaltensweisen im Wesentlichen Bewältigungsmechanismen seien, die aber nur sehr wenig Unterstützung beim Vorankommen im Leben bieten, wenn sie chronisch verwendet werden. In Wahrheit hemmen sie Fortschritt und schädigen die Individuen, die mit Stress aus ihrer Vergangenheit kämpfen, noch mehr.

Es ist also relativ klar, dass ein Klammern an vergangene emotionale Traumen zu unwirksamen und gefährlichen Bewältigungsmechanismen führen kann, und letztlich zu Gesundheitsproblemen – aber gibt es da noch mehr? Ja, laut dem Psychiater und Autor H. Bloomfield, MD. Er meint, dass "der chronische Stress von ungelöstem emotionalen Schmerz verehrenden Schaden mit dem Immunsystem, Kreislaufsystem, Herzfunktion, Hormonlevel und anderen physischen Funktionen anrichten kann." Und es ist nicht nur Widrigkeiten in der Kindheit die Schaden verursachen, bemerkt er. "Die Aufruhr in der Jugend und die Verluste und Enttäuschungen des Erwachsenseins nagen auch an dem Widerstand des Körpers.

Für Dr. Bloomfield ist es unbedingt erforderlich, dass Individuen, die mit historischem Trauma kämpfen, mit der Vergangenheit Frieden schließen. Für ihn bedeutet das mehr als nur ein glücklicheres Leben zu führen. In der Tat, sagt er einfühlsam, dass das Leben eines Individuums davon abhängen könnte.

Jetzt, bevor du dich weiter in dieses Buch vertiefst, ist es wichtig festzustellen wie sehr deine Vergangenheit deine Zukunft beeinflusst. Beantworte die folgenden Fragen mit ja oder nein um zu verstehen ob die Erfahrungen und Emotionen aus deiner Vergangenheit dich zurückhalten.

- Belastet dich die Trauer einen geliebten Menschen verloren zu haben?
- Spielst du verschiedene Szenarien in deinem Kopf ab, in denen du endlich jemanden konfrontierst, der dich falsch behandelt hat?
- Hast du oft das Gefühl, dass du das Opfer des Zufalls oder Schicksals bist?
- Schämst du dich noch immer für Dinge die du in der Vergangenheit gemacht hast?
- Fühlst du Nostalgie oder Trauer für die Vergangenheit, oder "die gute alte Zeit?"
- Wurdest du als Kind (physisch oder mit Worten) misshandelt oder verlassen?
- Stellst du dir vor dich bei jemanden von der Vergangenheit zu entschuldigen und dass sie dir verzeihen?
- Denkst du oft über deine Entscheidungen nach und was falsch gelaufen ist?
- Geistern dir oft Gedanken so wie "Wenn ich nur..." oder "Ich wünschte ich hätte nicht" im Kopf rum?
- Ist es dir unmöglich einen Groll zu überwinden obwohl erheblich Zeit vergangen ist?
- Sagt dir dein innerer Dialog dass du wertlos, gebrochen, dumm, nicht liebenswert bist und eine furchtbare

Person?

- Bringt der Gedanke an Intimität Gefühle der Angst und Vermeidung in dir hoch?
- Fühlt sich der Kreis der Probleme in deinem Leben unvermeidbar und unaufhaltbar an?
- Denkst du oft daran wie du dich besser hättest ausdrücken können, die richtigen Dinge hättest sagen sollen, oder besser mit einer Person in der Vergangenheit kommunizieren hättest können?
- Spielst du Begegnungen nach und stellst dir bessere Ergebnisse vor?

Wenn du auch nur zu ein paar dieser Fragen ja gesagt hast, ist es sehr wahrscheinlich, dass alte Probleme und vergangene Ereignisse deine Gesundheit bedrohen. In den folgenden Kapiteln besprechen wir wie du wieder Kontrolle über dein Leben bekommst und lernen kannst die Vergangenheit loszulassen.

KAPITEL 2: GEFÜHLE ANERKENNEN UND VERLUSTE BETRAUERN

"Weine. Verzeih. Lerne. Mach weiter. Lass deine Tränen die Samen deiner zukünftigen Glückseligkeit wässern." - Steve Maraboli

Die Weigerung sich selbst zu erlauben Gefühle wirklich spüren, gestaltet häufig einen der schwierigsten Aspekte des Friedenschließens mit der Vergangenheit. Doch für die Weiterentwicklung ist es absolut integral, dass wir uns Zeit nehmen um den Fluss an Gefühlen, die uns in schwierigen Zeiten überfluten können, zu erleben. Solange wir uns nicht dem eigenen Schmerz, Zorn, Scham oder Trauer hingeben, ist es nicht möglich uns wirklich weiterzuentwickeln. Widerstand oder in Frage stellen ob deine Gefühle berechtigt sind, wird den Prozess lediglich behindern. Es hilft sich selbst zu gestatten loszulassen und die Gefühle, so wie sie sind, zu akzeptieren.

Dieser Prozess ist jedoch nicht einfach. Es gibt verschiedene Phasen die du durchmachen könntest bevor du auf der anderen Seite heraus kommst. In 1969 stellte Psychiaterin Elisabeth Kübler-Ross präsentierte was später als die "5 Phasen des Sterbens" bekannt wurde. Während sich ihre Studien hauptsächlich mit den Gefühlen von todkranken Patienten beschäftigten, wurden sie mit der Zeit verallgemeinert und beziehen Menschen, die Trauer aufgrund negativer Lebensveränderungen oder Verlust erleben, mit ein. Kübler-Ross' fünf Phasen des Sterbens enthalten:

1. **Nicht wahrhaben wollen und Isolierung:** "Das passiert mir nicht."
2. **Zorn:** "Wer hat Schuld" Warum passiert mir das? Das ist nicht fair."
3. **Verhandeln:** "Wenn das nicht passiert verspreche ich dass ich…."
4. **Depression:** "Ich fühle mich betäubt. Ich weiß nicht wie ich auf die Geschehnisse reagieren soll."
5. **Akzeptanz:** "Ich habe Frieden mit was passiert ist geschlossen."
6.

Diese fünf Phasen sind integral wenn den Prozess durchmachst, Frieden mit der Vergangenheit zu schließen. Du musst diese Gefühle annehmen, egal wie furchtbar sie sind, damit du endlich zur Ruhe kommen kannst. Erlaube dir Phasen zu erleben, die für dich notwendig sind, aber weiß, dass jeder Mensch anders ist und dass du vielleicht nicht alle erfahren wirst. Sorge dich nicht darum was du fühlen "solltest", sondern konzentriere dich darauf was "du fühlst." Sei zornig, traurig, beschämt, oder was auch immer sich richtig anfühlt. Je eher du dir gestattest diese Gefühle wirklich zu spüren, umso früher wirst du die Kraft haben sie loszulassen.

Kübler-Ross sagte selbst vor ihrem Tod in 2004, dass die Phasen nie als unbeweglicher Rahmen für alle Trauernden gedacht waren. "Sie waren nie als Hilfe beabsichtig um chaotische Gefühle in nette Päckchen zu stecken," sagte sie. "Sie sind Antworten für den Verlust den viele Menschen erleben, aber es gibt keine typische Reaktion auf Verlust, da es keinen typischen Verlust gibt. Unsere Trauer ist so individuell wie unsere Leben."

Es ist wichtig diese Worte zu beachten, wenn du damit

anfängst deinen eigenen Trauerprozess zu verstehen und beginnst voran zu gehen. Sich an Emotionen zu klammern kann deine Energie aufbrauchen und zu negativen Gesundheitsergebnissen führen, wie wir in Kapitel 1 gesehen haben. Die Schritte unten können dir auf deiner Reise helfen, geben dir Zeit und Raum um Herr deiner Gefühle zu werden, aber erlauben dir auch deine Verluste zu betrauern.

- **Erkenn dein Gefühle an:** Während Gefühle zu unterdrücken oft ein natürlicher Instinkt ist, wird es lediglich deinen Trauerprozess verlängern. Um zu heilen musst du deinen Schmerz anerkennen. Erstickte Gefühle können häufig Depression, Drogenmissbrauch, Angstzustände und physische Krankheiten verursachen.
- **Verwende Kreativität als Ventil:** Trage deine Gefühle in ein Journal ein, schreib einen Brief über die Dinge die du nie sagen konntest, oder male ein Bild. Deinen Schmerz und deine Gefühle in ein kreatives Unterfangen zu leiten, kann ein starker Start auf deiner Reise der Weiterentwicklung sein.
- **Pass auf deinen Körper gut auf:** Geist und Körper existieren nicht unabhängig voneinander. Wenn du dein physisches Sein gut behandelst, wird sich auch dein Geisteszustand verbessern. Stress und Müdigkeit kann man mit genügend Schlaf, Sport und gesunder Ernährung bekämpfen. Es ist am besten Alkohol und Drogen zu vermeiden, insbesondere wenn du dich in einem verletzlichen Gefühlszustand befindest. Diese Substanzen werden deine Emotionen lediglich künstlich behandeln und dir langfristig größere Probleme bereiten.
- **Erlaube keinem deine Gefühle zu diktieren:** Nur du weißt wie du dich fühlst und keiner sollte jemals versuchen dich eines anderen zu überzeugen. Deine Trauer gehört dir, und tief drinnen weißt nur du wie du sie würdigen sollst und wie du dich davon erholen

kannst. Du weißt wann die richtige Zeit ist dich vorwärts zu bewegen, wenn du auf die Hinweise hörst die dir dein Verstand und Körper geben. Schrei falls es hilft, weine, und dann versuche Momente des Glücks zu finden. Alle deine Reaktionen sind berechtigt, du musst lediglich den richtigen Weg finden sie zu leiten. Nur dann wirst du bereit sein loszulassen und dich weiter zu entwickeln.

- **Plane für Momente der Trauer und intensiver Gefühle:** Es gibt bestimmte Ereignisse oder Tage die Auslöser für deine Trauer und emotionale Ausbrüche sein können. Jahrestage, Urlaube, und Meilensteine können Gefühle erwecken und es ist wichtig, dass du dich für diese Erinnerungsflut und Emotionen vorbereitest. Plane eine Vorgehensweise im Voraus und nimm dir Zeit zum Reflektieren. Dies kann eine unglaubliche Chance für dich sein um zu trauern und dich einen Schritt weiter in deiner Entwicklung zu bringen.

Fortzuschreiten ist nie einfach, aber es ist integral für diesen Prozess, dass du dir erlaubst deine Gefühle zu erleben und deine Vergangenheit zu betrauern. Emotionale Wunden können so echt wie gebrochene Knochen oder physische Körperverletzungen sein, und es ist wichtig dies während des gesamten Prozesses zu respektieren. Du solltest dich deiner Gefühle nicht schämen. Unsere Fähigkeit zutiefst zu fühlen und Verluste und vergangene Situationen zu betrauern ist was uns so einzigartig als Menschen macht. Sage dir nie, dass diese Gefühle eine Schwäche sind. In der Tat, ehrlich mit deinen Gefühlen umzugehen ist eine der größten Stärken. Wenn du deinen Schmerz respektierst und dir gestattest ihn zu spüren, nimmst du einen Schritt in eine bessere Zukunft. Du triffst die Entscheidung, dass dich die Vergangenheit nicht länger zurückhalten kann, und das ist eine der mutigsten Handlungen die es gibt.

KAPITEL 3: ERLAUBE DIR NICHT EIN OPFER ZU SEIN

"Leute finden es schwierig ihr Leid loszulassen. Weil sie das Unbekannte fürchten, bevorzugen sie das Leid das sie kennen." – Thich Nhat Hanh

Wir haben alle schon mal das Opfer gespielt. Manchmal ist es leichter die Schuld abzuschieben oder unsere Handlungen als ein Resultat unkontrollierbarer Umstände anzusehen. Doch dann sind wir uns nicht selbst treu, oder dem Leben das wir führen wollen. Ein Artikel in Psychology Today beschreibt eine Person, die immer das Opfer spielt, als jemand der "an deinen Nerven reibt und allergisch darauf reagiert Verantwortung für die eigenen Handlungen zu übernehmen. Leute sind immer gegen sie, der Grund für ihre Unzufriedenheit. Sie stellen sich selbst als Pechvögel dar, die gerettet werden müssen, und sie werden dich in ihren Therapeuten verwandeln." Als Freundin willst du helfen, aber wirst von ihren endlosen Leidensgeschichten überwältigt. Ein Freund ist rausgestürmt...schon wieder; eine Mutter versteht nicht; eine Divachefin war undankbar. Wenn du Vorschläge machst wie die Mitleidsparty beendet werden könnte, sagen sie "Ja...aber, " und meckern noch mehr. Diese Vampire können so anhänglich sein, sie kleben an dir wie Fliegenpapier."

Keine sehr schmeichelhafte Darstellung oder? Wir haben diese Verhaltensmuster schon erlebt. "Es ist nicht meine Schuld", sagen wir. "Schlimme Dinge passieren immer mir", beschweren wir uns. "Wie soll ich Erfolg haben wenn alles gegen mich ist?" fragen wir unsere Freunde. Es kann manchmal schwierig sein aus diesem Verhaltensmuster auszubrechen. Aber es ist absolut notwendig, dass wir es tun um unsere Vergangenheit loszulassen. Anderen Menschen oder Ereignissen die Schuld zuzuschieben wird dich nie weiter bringen. Beachte, dass keiner sagt, dass du es nicht schwer hattest oder dass die Dinge die du beschreibst nicht Barrieren sind – sie können es auf jeden Fall sein! Es ist aber wichtig dass du ab jetzt Verantwortung für deine Handlungen übernimmst. Gib dich nicht damit zufrieden dich hinter dem Mitgefühl anderer zu verstecken oder mit chronischem Groll und Zorn zu leben. Wenn etwas aus der Vergangenheit hoch kommt, widerstehe dem Drang dich sofort als Opfer zu sehen und zu fragen: Warum können sie das mit mir machen? Was habe ich getan das zu verdienen? Wieso tauchen sie wieder in meinem Leben auf? Diese Art des Denkens wird dich nie auf den Erfolgspfad bringen.

Es ist an der Zeit den Kreislauf der Schuld und Reue zu beenden. Die ständige Wiederholung von "Wenn nur..." und "Ich hätte sollen..." kann deine Gesundheit und auch deine innere Ruhe zerstören. "Ein wichtiger Aspekt des Heilens ist aufzuhören dich selbst für vergangene Fehler zu bestrafen", sagt Psychiater und Autor Dr. Harold H. Bloomfield. Stattdessen lerne dir selbst und anderen zu verzeihen, lerne daraus und konzentriere dich nur auf das was du ändern kannst. Du kannst die Handlungen anderer in der Vergangenheit nicht ändern, aber du kannst ändern wie du von jetzt an auf sie reagierst.

Sich an Schuld und Zorn festzuhalten schadet nicht denjenigen, die dich verletzt haben, sondern nur dir selbst. Nimm deine Kraft und verwandle sie in etwas Positives. Reflektiere wie du Situation in der Zukunft meistern möchtest, damit deine Handlungen das Leben, das du dir wünschst, wiederspiegeln und nicht was du als vorbestimmt betrachtest. “In dem Maß in dem du Wert in vergangenem Unglück finden kannst, ist es dir möglich die schädlichen Auswirkungen zu neutralisieren und Heilung zu fördern”, sagt Dr. Bloomfield. Du hast nicht die Macht die Vergangenheit zu ändern, aber du kannst kontrollieren wie du sie jetzt erlebst. Anstatt auf die gleiche negative Weise zu reagieren wenn dich Herausforderungen konfrontieren, pausiere, atme tief ein, und versuche einen anderen Ansatz. Frage dich “Wie hat mich dieses Erlebnis stärker gemacht? Welche wichtigen Lebenslektionen hat es mir gelehrt?” Erinnere dich immer daran dass du der/die Architektin deiner eigenen Zukunft bist, also lass keine anderen Pläne für dich machen.

KAPITEL 4: IDENTIFIZIERE WAS DICH ZURÜCKHÄLT

"Wenn ich loslasse was mich ausmacht, werde ich das, was ich sein könnte. Wenn ich loslasse was ich habe, bekomme ich was ich brauche." – Tao Te Ching

Im Bestreben negative vergangene Erfahrungen hinter uns zu lassen haben wir uns darauf konzentriert wie wichtig es ist nicht das Opfer zu spielen. Dir deiner Macht bewusst zu sein und Verantwortung für deine zukünftigen Entscheidungen zu übernehmen, ist ein wesentlicher Bestandteil um erfolgreich loszulassen und mit der Vergangenheit Frieden zu schließen. Also was ist der nächste Schritt? Jetzt wo du entschieden hast mutig die Opferrolle hinter dir zu lassen, ist es an der Zeit, dass du dein Leben unter die Lupe nimmst und die Dinge, die dich gefangen halten und dir Kraft nehmen, verarbeitest. Wenn du sie einmal identifiziert hast kann der Zerstörungsprozess dieser Barrieren beginnen.

Durchsuche dein Leben nach Dingen die keinen Zweck erfüllen außer, dass sie eine Abhängigkeit und Fixierung auf die Vergangenheit kreieren. Diese Dinge bringen keinen Wert in dein jetziges Leben, und machen dich eigentlich häufig traurig oder ärgern dich. Beispiele können sein:

- Gemeiner oder negativer Austausch den du mit Leuten über die Jahre hattest. Es könnte ein Brief von einem/einer Freundin aus der Schule sein, eine SMS von einem/einer Ex, oder ein Streit auf Sozial Media. Manchmal denkst du an diesen Austausch zurück und merkst, dass du wieder zornig oder aufgewühlt bist.
- Online Läden oder Magazin-Abos die dir das Gefühl geben unmodisch, übergewichtig, oder arm zu sein, wenn du die Dinge siehst, die du dir nicht leisten kannst, oder von denen du meinst sie würden dir nicht stehen.
- Die Vorstellung, dass zwischen dir und deinen Freunden ein professioneller Wettkampf besteht, obwohl du tief drinnen weißt, dass ihr ganz unterschiedliche Ziele habt und dass jeder einen anderen Pfad hat.
- Eifersucht auf die materiellen Gegenstände oder Beziehungen die deine Freunde, Familie oder Bekannte haben, aber du nicht.
- Die strikte Erwartung, dass du eine ideale bessere Hälfte finden musst, jemand, der all deine Probleme lösen wird und dir etwas bietet das du alleine nicht finden kannst.
- Facebook Freundschaften mit Ex-Partnern und Leuten, mit denen du eigentlich nicht reden möchtest, nur um zu beobachten wie ihre Leben im Vergleich zu deinem aussehen.
- Fotos von deiner Vergangenheit bei denen du denkst, dass du hübscher/besser/jünger aussahst, die du mit deinem derzeitigen Aussehen vergleichst.
- Scham für die Schulden mit denen du lebst.
- In Erinnerungen schwelgen, die du als die "beste Zeit deines Lebens" identifizierst, während du aber gleichzeitig versäumst Möglichkeiten und Entscheidungen, die dein Leben jetzt gerade

beeinflussen, zu sehen.
- Liebe für Menschen, die dich entweder nicht zurück lieben wollen oder es nicht so können wie du es verdienen würdest.

Dies sind nur ein paar Beispiele die wir in unserem täglichen Leben finden können. Dies sind die Methoden mit denen wir uns selbst bestrafen und foltern, die uns fest an die Vergangenheit binden, sodass wir uns nicht weiter entwickeln können. Haben manche von diesen Beispielen dich betroffen? Kannst du die Dinge in deinem Leben identifizieren, die dich vielleicht zurückhalten? Was sind die Barrieren, die dich davon abhalten, das Leben zu verwirklichen das du möchtest?

Wenn du noch Schwierigkeiten hast wirklich festzunageln, was dich im Leben davon abhält vorwärts zu gehen, folge diesem Drei-Schritten-Prozess der Identifizierung.

Schritt 1: Entdecke deine wahre Absicht

Der erste Schritt, der dir hilft wirklich zu identifizieren was dich zurückhält, ist zu entdecken wonach du in Wahrheit suchst. Sei dir bewusst, dass wie viel du in Schritt drei erzielen kannst davon abhängt wie viel Klarheit du in Schritt eins erreicht hast.

Eile nicht in diesem Beriech. Es ist unmöglich zu finden was du suchst wenn dir nicht klar ist wie es aussieht. Dies kann ein harter Prozess sein der Zeit und mentale Energie beansprucht und viele Menschen haben einfach noch nicht den Punkt erreicht, wo sie ehrlich und tiefgründig ihre eigenen Absichten beurteilen können. Dieser Prozess benötigt eine bewusste Entscheidung und Engagement um erfolgreich zu sein.

Schreiben kann ein kraftvolles Instrument sein, wenn du deine wahren Absichten dich weiter zu entwickeln artikulieren möchtest. Nimm einen Block und Stift und schreibe so detailliert wie möglich nieder, was deine Ziele in diesem Prozess sind. Vielleicht ist dein Ziel wirklich Zeit in dein Unternehmen zu stecken und es auf eine neue Ebene zu bringen. Wenn das der Fall ist, was würde es für dein restliches Leben bedeuten?

Was für Auswirkungen würde es auf dein Einkommen, dein Stresslevel, und deinen Tagesablauf haben? Würde es mehr Zeit mit der Familie bedeuten oder weniger? Wenn du dein Ziel konkretisiert hast und wirklich über deine Absichten nachgedacht hast, kannst du zum nächsten Schritt übergehen.

Schritt 2: Verbringe Zeit mit Menschen, die deine Ziele teilen und erfolgreich sind

Jetzt wo du bestimmt hast was du willst und wie es aussieht, musst du Leute finden die das erfolgreich in ihrem eigenen Leben reflektieren. Ein solides Erfolgsbeispiel zu haben, kann eine großartige Motivation sein um zu erreichen was du dir wünschst. Behandle diese Individuen als wertvolle Ressourcen. Ihr habt offensichtlich ähnliche Ziele aber sind eure Anstrengungen auch ähnlich? Was waren die Dinge die sie zurück gehalten haben oder zumindest gebremst haben? Haben sie negative Erfahrungen gemacht? Wenn ja, welche? Wie haben sie diese überwunden? Mit diesen Gesprächen kann ein größeres Verständnis für die Wege, die andere Menschen gehen, entstehen. Wir alle haben Barrieren und Herausforderungen auf dem Weg zum Erfolg. Du bist nicht der/die Einzige. Sei dir bewusst, dass wenn andere Erfolg haben können, dann kannst du das auch. Deine Vergangenheit kann dich nicht zurückhalten solange du sie nicht lässt. Aber verstehe, dass diese Leute Modelle für eine bestimmte Erfolgsart sein sollen. Keiner gleicht dem anderen, und wenn du jemanden um Unternehmensratschläge fragst, denk daran, dass ihr Privatleben vielleicht ganz und gar nicht ideal ist. Nütze ihre Weisheit und Erfahrung in einem bestimmten Bereich, und wende dich an andere für Erfolgsbeispiele in anderen Bereichen.

Obwohl viele Dinge von dem Zeitpunkt und der Chance abhängen, haben wir fast immer zumindest eine Wahlmöglichkeit. Erinnere dich daran, wenn du dich an diese erfolgreichen Individuen wendest und ihre Geschichten hörst. Weiß, dass selbst wenn Dinge außer Kontrolle scheinen, wir immer entscheiden können wie wir auf Geschehnisse reagieren.

Der Schlüssel für das Erreichen deiner Ziele ist zu realisieren, dass dein Denken viel mehr deine Resultate bestimmt als Zufall oder physische Umstände. Denke daran wenn du zu Schritt drei übergehst.

Schritt 3: Suche nach Möglichkeiten dich weiter zu entwickeln

In Schritt drei dreht sich alles darum deinen Fortschritt zu deinem Ziel weiter zu verfolgen. Denk daran, dass wenn du dich selbst herausforderst und dir Ziele so setzt wie sie sein sollten (hoch!), dann wird Erfolg nicht einfach über Nacht passieren. Lass dich nicht entmutigen weil Dinge Zeit brauchen. Das Leben ist ein Prozess und es ist am besten Geduld zu lernen. Suche immer nach den kleinen, gemessenen Änderungen, die du in deinem Leben vornehmen kannst und die dich näher an deine Ziele bringen werden. Weiß, dass die Kumulativwirkung dieser Entwicklungen sich multipliziert und dich weiter bringen kann als du es jemals für möglich hieltst.

Jetzt wo du diese drei Schritte bearbeitet hast, schau dir die Ziele an die du in Schritt eins genannt hast und nimm dir Zeit über sie nachzudenken. Was sind die Barrieren auf die du in Schritt zwei und drei gestoßen bist? Was sind die Dinge in deinem Leben, die dich davon abhalten deine Ziele und Träume zu realisieren und die du dir in Schritt eins überlegt und niedergeschrieben hast? Die Faktoren in deinem Leben wirklich zu verstehen, kann dir helfen zu identifizieren was dich von dem Leben, das du dir wünschst, abhält. Es erlaubt dir in die Richtung deiner Ziele zu wachsen und zu lernen vom limitierenden Denken, Glauben und Mentalität die dich zurück hält, wegzubrechen.

KAPITEL 5: LOSLASSEN

"Wir müssen lernen so leicht loszulassen wie wir festhalten und wir werden feststellen, dass unsere Hände voll und unser Geist leer ist." – Leo F. Buscaglia

Auf unserer Reise mit der Vergangenheit Frieden zu schließen, fühlt es sich öfters so an als würden wir mit uns selbst kämpfen. Das ist normal und zu erwarten wenn man nach neuen Wegen sucht Traume und vergangene Probleme hinter sich zu lassen und Kontrolle über sein Leben zu übernehmen. In der Vergangenheit zu leben kann eine Art Abwehrmechanismus sein, oft bevorzugen Menschen den Schmerz den sie kennen anstelle des Unbekannten. Denn in Wahrheit kann Loslassen schmerzhaft und schwierig sein, wenn du lernst Verantwortung zu übernehmen und neue Wege findest dies zu tun. Für manche kann dies eine große Herausforderung sein, aber letztendlich kann dieser Prozess Freiheit bieten, die Menschen, die in der Vergangenheit leben, womöglich niemals zuvor wirklich erlebt haben.

Wenn dieser Prozess wie ein Kampf ist, dann kann die Unfähigkeit loszulassen mit dem Tunnelblick verglichen werden. Eine Person die sich weigert Änderung zuzulassen, die ein Opfer sein möchte und die nicht Kontrolle für ihr eigenes

Leben übernimmt, ist nicht offen und denkt nicht vollständig mit. Fixiert, sind sie in einem Kreislauf gefangen, unfähig sich zu ändern. Aber was würde passieren wenn diese Leute nur für einen Moment versuchen würden sich nicht zu weigern? Was wäre wenn sie aufhören würden verbissen darauf zu bestehen, dass sie Recht haben was ihr Unglück, ihre Trauer angeht und stattdessen anfingen einfach loszulassen. Vielleicht würden sie sofort spüren wie viel leichter ihre Last ist? Vielleicht würden sie anfangen Frieden um sich herum zu spüren und realisieren, dass sie nicht ein Produkt von vergangenem Trauma sind, sondern eine komplexe Person, die lebensverändernde Entscheidungen treffen kann?

Loslassen ist die Fähigkeit Widerstand aufzugeben und die Scheuklappen, die uns negative Erfahrungen aufgesetzt haben, abzunehmen. Loslassen erteilt uns die Erlaubnis mit dem Schieben und Ziehen aufzuhören und zuzulassen was auch immer passieren mag. Wenn wir das Loslassen annehmen, schließen wir mit dem ab, das uns kontrolliert – unsere Ängste. Angst ist eine mächtige Motivation, aber kann uns auch eine Ausrede geben zu scheitern. Zum Beispiel wenn wir Angst haben jemanden den wir lieben zu verlieren, sorgen wir uns zwanghaft. Wir erschaffen eine Existenz in der wir in konstanter Angst und mit Zweifel leben. Letztendlich könnten genau diese Dinge der Grund dafür sein, dass wir die Person die wir lieben von uns abstoßen und dennoch sagen wir "Ich habe es immer gewusst," und verwenden es als eine Ausrede. Unsere Unfähigkeit zu sehen, dass unsere Angst uns entfremdet, kann unser Untergang sein. Tatsächlich müssen wir einen Blick aufs Leben werfen und in diesem Fall anders lieben. Anstatt Angst zu haben müssen wir alles was in unserer Macht steht tun um diese Person zu lieben und zu schätzen. Wir müssen akzeptieren, dass wir nicht alle Geschehnisse kontrollieren können, aber wir können unser Bestes mit unseren eigenen Entscheidungen geben. In diesem Szenario verliert Angst ihre Macht, weil wir die Sinnlosigkeit derer verstehen. Wir haben den Schlimmstfall konfrontiert und realisiert, dass wir es nicht kontrollieren können. Diese Art der Erkenntnis kann uns einen Schritt weiter bringen im Frieden schließen mit unserer Vergangenheit.

Also jetzt verstehen wir wie Loslassen uns einen Pfad zum Frieden schließen mit unserer Vergangenheit bieten kann, aber wie können wir das am besten umsetzen? Wie können wir Loslassen in unseren Leben praktizieren? Unten sind drei Vorschläge die dir auf deiner Reise des Loslassens helfen könnten.

- **Lerne zu vertrauen:** Vertraue, dass egal was passiert du die Kraft hast damit umzugehen. Sogar wenn deine schlimmsten Ängste wahr werden, weiß, dass du letztendlich überleben wirst. Im Endeffekt ist die Fähigkeit zu vertrauen eine Entscheidung, etwas das du kontrollieren kannst. Wenn du anfängst deine eigene Stärke und Fähigkeit die Zukunft zu bewältigen zu verstehen, wird Loslassen und die Vergangenheit hinter sich lassen ein wenig einfacher.
- **Sei bereit Schmerz zu fühlen:** Wir müssen bereit sein Schmerz wirklich zu fühlen. Oft treibt uns das Verlangen Schmerz oder negative Gefühle zu vermeiden zurück in die Vergangenheit und weg von unserer eigenen Verantwortung. Unseren Schmerz und Unsicherheit und Versagen zu fühlen, erlaubt uns zu verstehen, dass wir damit umgehen können, und weiter zu machen. Wenn wir uns diesen Gefühlen stellen verringert sich ihre Macht und unsere Stärke wächst.
- **Praktiziere Akzeptanz:** Nichts verstärkt die Macht von alten Schmerzen so, wie wenn man sie immer wieder im Kopf abspielt. Wenn du das machst kreierst du einen gefährlichen Kreislauf. Du erlebst dieselben Schmerzen immer wieder obwohl du weißt, dass zum Schluss das gleiche Ergebnis rauskommt. Die Vergangenheit zu beklagen wird dir nie beim Heilen helfen. Frieden kommt nur wenn man schon Beschlossenes akzeptiert und weiter macht.

Lernen loszulassen ist ein mächtiges Instrument auf der

Reise Frieden mit deiner Vergangenheit zu schließen und eine größere, bessere Zukunft zurück zu gewinnen.

KAPITEL 6: VERZEIHEN LERNEN

"Letztendlich verstand ich, dass indem ich an dem Zorn, der Bitterkeit und dem Groll, denen gegenüber die mich verletzten, festhielt, ich ihnen die Zügel der Kontrolle übergab. Ihnen zu verzeihen bedeutete nicht ihre Worte und Handlungen zu akzeptieren. Verzeihung bedeutete loszulassen und mit meinem Leben fortzuschreiten. Indem ich das tat, setzte ich mich endlich selbst frei." - Isabel Lopez

Wir wurden alle schon mal von den Worten oder Handlungen anderer verletzt. Vielleicht hatte ein Partner eine Affäre, ein/e Mitarbeiterin untergrub deine Arbeit, oder deine Mutter kritisiert immer dein Aussehen. Diese Verletzungen können Zorn, Bitterkeit oder sogar einen Wunsch auf Revanche verursachen – aber das ist nicht der Pfad den du bereisen musst wenn du Frieden mit der Vergangenheit schließen möchtest.

Der einzige Weg das was dich schmerzt zu überwinden und ihm nicht Macht in deinem Leben zu geben, ist einen Weg zur Vergebung zu finden. Indem du Vergebung annimmst, nimmst du auch Frieden, Hoffnung, Dankbarkeit und Freude an. Überlege dir wie Vergebung dich auf einen Pfad des physischen, emotionalen und spirituellen Wohlbefindens führen könnte.

Also was bedeutet es wirklich zu verzeihen? Allgemein versteht man unter Vergebung die bewusste Entscheidung Zorn und Groll loszulassen und auf eine Revanche zu verzichten. Das bedeutet nicht unbedingt, dass die Handlung die dir geschadet hat nicht mehr in deinem Leben existiert, aber Vergebung ermöglicht es ihre Macht zu dezimieren. Vergebung kann dir helfen dich auf andere, positive Bereiche in deinem Leben zu konzentrieren, die dir Freude bereiten und dem Negativen entgegenwirken. Oftmals wenn die Entscheidung zu verzeihen getroffen wurde können sogar Gefühle wie Empathie, Verständnis oder Mitgefühl für die Person, die dich verletzt hat, entstehen.

Beachte jedoch, Vergebung zu praktizieren bedeutet weder, dass du die Verantwortung der Person, die dich verletzt hat, leugnest noch, dass deren Unrecht minimiert oder gerechtfertigt wird. Du musst die Handlung nicht gutheißen um einer Person zu verzeihen. Vergebung kann inneren Frieden für dich bringen und die giftigen Dinge zurücklassen, die keinen Platz in deiner Gegenwart haben.

Also wo liegen die Vorteile im Vergeben? Dich selbst von negativen Emotionen, Groll und Bitterkeit zu befreien, kann dir helfen dich für mehr Mitgefühl, Verständnis und letztendlich Frieden zu öffnen. Vergebung zu praktizieren kann auch folgenden führen:

- Niedrigerer Blutdruck
- Stärkere, gesundere Beziehungen
- Weniger Symptome/Anfälle von Depression
- Ein vermindertes Risiko von Alkohol- und Drogenmissbrauch
- Ein größeres spirituelles und psychisches Wohlbefinden
- Generell weniger Stress, Angstzustände und Feindseligkeit

Was sind die negativen Effekte die den Positiven des Verzeihens entgegenwirken wenn man einen Groll hegt? Wenn es dir unmöglich ist Vergebung zu praktizieren merkst du vielleicht, dass du jede Beziehung und Erfahrung mit Bitterkeit und Misstrauen angehst. Wenn du dich darauf konzentrierst was falsch lief, kann es schwieriger sein die Gegenwart zu genießen. Möglicherweise bemerkst du, dass du dich häufiger depressiv oder ängstlich fühlst? Vielleicht kommt es dir vor als ob dein Leben keine Bedeutung oder Sinn hat? Oft werden zumindest deine Beziehungen mit anderen davon betroffen, was zu einem Mangel an engen und emotionalen Bindungen führt.

Also wenn wir die Vorteile der Vergebung verstehen, warum ist es dann oft so schwierig sie zu verwirklichen? Wenn du von jemanden, den du liebst und dem du vertraust, verletzt wirst, ist es verständlich, dass du mit Gefühlen wie Zorn, Trauer oder Verwirrung kämpfst. Es ist leicht auf einer aufwühlenden Situation herumzureiten und es erlaubt Gefühlen wie Groll, Feindseligkeit und Rache Wurzeln zu schlagen. Es ist wichtig zu versuchen diese negativen Gefühle mit positiven zu bedrängen, oder es ist möglich, dass deine eigene Bitterkeit und Zorn dich überwältigen.

Du fragst dich vielleicht, wie kann ich Vergebung erreichen, wenn mich negative Emotionen runterziehen? Zuerst beachte, dass Vergebung eine Verpflichtung an den Änderungsprozess ist. Zunächst möchtest du vielleicht:

- Überlege dir den positiven Einfluss den Vergebung auf dein Leben haben kann. Was für negative Gefühle wird es dir ermöglichen loszulassen? Welchen Effekt wird das auf dich persönlich haben?
- Nimm dir Zeit die Handlungen anderer Menschen zu bedenken. Wo befinden sie sich gerade im Leben? Sind sie unsicher, traurig, verwirrt oder zornig wegen etwas anderem? Dies ist nicht die Zeit um unbedingt Schuld auf dich zu nehmen, aber du kannst Empathie für jemanden finden, den du vielleicht nicht völlig verstehst.
- Reflektiere über die Situation und wie sie dich betrifft. Gibst du diesem Ereignis zu viel Macht? War es auf

jeden Fall so gemeint wie du es aufgefasst hast? Gibt es andere Dinge in deinem Leben, die eventuell deine Reaktion auf diese Situation hervorgerufen haben? Sei dir deiner eigenen Rolle in der Auseinandersetzung bewusst. Niemand ist perfekt und ein größeres Verständnis wenn wir eine Situation angehen, kann uns mitfühlender anderen gegenüber machen.

- Gib deine Rolle als Opfer auf und hör auf der kränkenden Person Kontrolle über dein Glück zu geben. Übe Macht über dein eigenes Leben und Gefühle aus.
- Wenn und falls du bereit bist, triff die bewusste Entscheidung diese Person und Situation mit Vergebung anzugehen.

Als du den Pfad der Vergebung folgst, weiß, dass es nicht einfach aber notwendig für deine eigene Heilung ist. Wie Dr. Phil sagt, "Vergebung ist was du für dich selbst tust, nicht für andere Leute. Wenn du verzeihst bedeutet es nicht, dass du gutheißt was passiert ist. Stattdessen bedeutet es, dass du dir selbst die Erlaubnis erteilst in deinem Leben weiterzugehen."

Erinnere dich daran, dass Verzeihung eine Entscheidung ist. Warte nicht darauf, dass es einfach passiert, denn es wird nicht. Du musst Kontrolle übernehmen und deine Macht wieder zurückverlangen und Entscheidungen treffen, die dir helfen werden Frieden mit der Vergangenheit zu schließen und deine Zukunft zu ergreifen.

KAPITEL 7: DANKBARKEIT PRAKTIZIEREN

"Festzuhalten ist zu glauben, dass es nur eine Vergangenheit gibt; loslassen ist zu wissen, dass es eine Zukunft gibt." – Daphne Rose Kingma

Dankbarkeit vollkommen zu verspüren ist eine der Hauptwaffen auf deiner Reise Frieden mit der Vergangenheit zu schließen. Dankbar zu sein ist eine der mächtigsten positiven Emotionen, die du in dein Leben bringen kannst. Wenn wir Dankbarkeit verspüren, fühlen wir uns glücklich, unser Verstand ist klar und unsere Beziehung zu dem Universum fühlt sich noch friedlicher an als man meint es sei möglich. Mit Dankbarkeit geht es darum das große Ganze zu sehen und deinen Platz in ihm. Es geht darum Gelegenheiten zu finden um Danke zu sagen für all die Dinge in deinem Leben, die dir Freude bereiten, und zu wissen, dass diese Dinge wichtiger und mächtiger sind als Gefühle wie Angst, Zorn oder Negativität.

So wie alle anderen Schritte auf unserem Weg Frieden mit unserer Vergangenheit zu schließen, Dankbarkeit zu praktizieren ist nicht immer einfach. Es erfordert Aufmerksamkeit, Zeit und Fokus. Dinge, für die wir dankbar sind, jeden Tag bewusst anzuerkennen kann unser Leben bereichern und uns in glücklichere Menschen verwandeln, die mehr im Jetzt leben. Laut den neuesten Ergebnissen der Dankbarkeitsforschung von Dr. Robert Emmons, ein Wissenschaftler und Psychologe von U.C Davis, unterscheiden sich dankbare Menschen deutlich von denen die Dankbarkeit nicht in ihr Leben integrieren.

Laut seinen Nachforschungen über dankbare Menschen:

- Sie haben erhöhte Level positiver Emotionen
- Sie haben niedrigere Stress- und Depressionslevel
- Sie berichten zufriedener mit ihrem Leben zu sein, und leben mit mehr Vitalität und Optimismus
- Es ist wahrscheinlicher, dass sie mit weniger Begünstigten teilen und sie werden von ihrem Umfeld generell als großzügiger betrachtet
- Sie haben eine größere Empathiekapazität
- Sie haben eine höhere Tendenz die Vernetzung von allem Leben zu sehen
- Sie glauben Verantwortung und Verpflichtung anderen gegenüber zu haben
- Sie legen weniger Gewicht auf materielle Gegenstände

Wenn wir uns die Ergebnisse dieser Studie ansehen, merken wir, dass die Eigenschaften von dankbaren Menschen oft die sind, die andere Personen als wünschenswert beschreiben würden. Großzügigkeit, Empathie und Freundlichkeit sind Charakteristika von Menschen mit denen wir uns umgeben und wonach wir selbst streben sollten.

Also, bist du eine dankbare Person? Wenn deine unmittelbare Reaktion “nein, nicht wirklich”, ist, verzweifle nicht! Dankbarkeit ist etwas das man mit ein bisschen Übung kultivieren kann. Wenn du eine bewusste Anstrengung machst Dankbarkeit zu praktizieren, wirst du einen Wandel in deiner Denkweise erfahren und vielleicht fängst du an jeden Moment (und deine Zukunft) als das Geschenk zu sehen das es ist. Dankbarkeitspraktiken zu erforschen kann unglaublich transformativ sein und kann uns helfen unser emotionales und physisches Wohlgefühl zu verbessern. Sarah Ban Breathnach, Autorin von *Simple Abundance*, setzt sich mit dieser Idee auseinander. “Du wirst einfach nicht mehr die gleiche Person wie vor zwei Monaten sein, nachdem du dich jeden Tag für die Fülle in deinem Leben bedankt hast”, erklärt sie. “Und du wirst ein uraltes, spirituelles Gesetz in Bewegung gesetzt haben: je mehr du hast wofür du dankbar bist, desto mehr wirst du bekommen.”

Dankbar zu sein ist ein unglaublicher Schritt im Frieden schließen mit deiner Vergangenheit und um in der Gegenwart zu leben. Es gibt zahlreiche Wege eine Dankbarkeitsübung zu kultivieren; versuch eine, zwei oder alle und sieh die Wandlung, die in deinem Leben stattfinden kann.

1. Führe ein Dankbarkeitstagebuch

Dr. Michael McCullough von der University of Miami hat eine fortlaufende Studie über Dankbarkeit geleitet. Er fand heraus, dass Leute, die Momente in ihrem wöchentlichen Dankbarkeitstagebuch niederschrieben, im großen und ganzen oft ein verbessertes Lebensgefühl hatten. Sie erscheinen optimistischer wenn es um die Zukunft geht, als diejenigen, die sich nicht die Zeit nahmen um ihre Gedanken niederzuschreiben. Beachte, dass dies nichts kompliziertes sein muss. Ein Dankbarkeitstagebuch ist einfach ein Notizbuch in dem du eine Liste von Menschen, Dingen oder Erlebnissen niederschreibst, für die du dankbar bist. Nimm der jeden Abend ein oder zwei Minuten Zeit bevor du schlafen gehst, oder tu es gleich am Morgen wenn du aufwachst, oder zu dem Zeitpunkt der gut in deinen Tagesablauf passt. An vielen Tagen wirst du zahlreiche Dinge finden für die du dankbar bist und es wird dir leicht fallen eine Liste zu schreiben. An manchen Tagen wird es dir vielleicht schwer fallen auch nur eine Sache zu finden. Der Hauptpunkt ist aktiv nach Dingen zu suchen, die Freude in dein

Leben bringen, ganz egal wie klein sie sind. Manchmal übersehen wir die kleinen Dinge und halten sie für selbstverständlich. Ein Protokoll zu haben, immer die Augen nach Segnungen in deinem Leben offen zu halten, öffnet dich für das Erfahren von Freude und Befriedigung.

2. Merke dir alles

Es ist unglaublich wichtig die Gewohnheit, Dankbarkeit für alles Gute das dir passiert, zu kultivieren und dich auch dementsprechend zu bedanken. Zahlreiche kleine Ereignisse passieren jeden Tag und dir mag es vielleicht nicht bewusst sein, aber viele haben zu deinem Leben beigetragen. Nichts ist zu klein oder unwichtig um deine Dankbarkeit zu erhalten. Fang damit an dich wirklich auf die Verbindungen im Universum und all seine Komponenten zu konzentrieren. Die Mahlzeit die du konsumierst verdient schon alleine deine Dankbarkeit. Aber denke auch an die Leute die das Essen anbauten, die Sonne die darauf schien, und das Land das es ermöglichte. Jede Lebenskomponente die zu diesem Mahl beitrug verdient Dankbarkeit.

3. Lebe im Jetzt

Wenn du Dankbarkeit praktizierst, denke immer daran den gegenwärtigen Moment willkommen zu heißen. Jeder Moment, jeder Morgen, jeder Abend, und jede Mahlzeit gibt dir eine Möglichkeit dich zu bedanken. Das bedeutet nicht unbedingt ein formelles Gebet, sondern richte deine Aufmerksamkeit worauf du in diesem Moment dankbar bist. Dies kann eine Art Prüfstein für dich sein, der dich auf die Wunder des Lebens aufmerksam macht, die du ansonsten hättest versäumen können. Dieses Augenmerk auf kleine Momente kann dazu führen, dass du dich positiv und glücklich fühlst. In jeder Sekunde deines Lebens eröffnet sich eine neue Möglichkeit der Danksagens. Lass los in deiner Dankbarkeit und denk weiter und heiße den gegenwärtigen Moment willkommen. Akzeptiere und lebe den

Moment so wie er ist und weiß, dass alles so passiert wie es soll. Wenn dein Geist dankbar ist, ist er immer aufgeschlossen und erwartet gute Dinge. Diese positive Erwartung kann eine selbsterfüllende Prophezeiung sein, oder wie eine im guten Glauben agieren.

4. Mach weiter mit der Dankbarkeitsübung auch wenn du nicht dankbar bist

Wenn das Leben schwer ist und Sorge, Angst und Stress an der Türe klopfen, erscheint es manchmal unmöglich Zugang zu deiner Dankbarkeit zu haben. Aber in diesen herausfordernden Zeiten kann Dankbarkeit dir die meiste Unterstützung bieten. Dankbarkeit zu wählen kann deine Perspektive ändern, selbst wenn es nur für einen kurzen Moment ist. Es erlaubt dir einen Platz weg von deinem Schmerz zu finden, wo es dir frei steht die kleinen Dinge zu schätzen, und Zufriedenheit zu erfahren, dass du lebst und überhaupt hier auf dieser Reise bist. Wissenschaftler haben festgestellt, dass dankbar sein Endorphin im Gehirn anregt, die gleichen Chemikalien die Stress reduzieren, Schmerz verringern und die Immunfunktion verbessern.

Dankbar zu sein kann dir helfen eine ganz andere Einstellung zu bekommen und dein Energielevel zu erhöhen. Es ermöglicht dir eine Verbindung mit dem Universum zu finden und leitet Zorn und Negativität ab. Dankbarkeit lässt zu, dass dich Frieden und Möglichkeiten umhüllen. Atme tief ein und weiß, dass du, egal wie traumatisch deine Vergangenheit war, immer einen friedlichen Platz in deinem Geist finden kannst. Verwende diese Ressource und du kannst Stress mildern und Ruhe erschaffen. Dankbarkeit gemeinsam mit Yoga, Meditation, Spaziergänge in der Natur, heißem Baden, Massagen, beruhigender Musik, tiefen Atmen und dem Reflektieren von positiven Erinnerungen, zu praktizieren, kann dich an einen zufriedeneren Platz bringen, selbst wenn du mit Schwierigkeiten aus der Vergangenheit konfrontiert wirst.

5. Schließe Frieden mit dir selbst und mit anderen

Es ist leicht in Selbst-schuld oder Reue abzurutschen, oder den Zorn auf andere zu dirigieren wenn man nicht vorsichtig ist. Oft behandeln Menschen, die verletzt wurden, andere so wie sie behandelt wurden. Dies kann verlockend erscheinen, aber bitte wähle nicht diesen Pfad. Wenn der Schmerz nachlässt wirst du es bereuen jemanden verletzt zu haben und du wirst dich nicht mehr auf der Reise, Frieden mit deiner Vergangenheit zu schließen, befinden. Betrachte deine Umgebung und denke über deine Lebensentscheidungen nach. Sei dankbar für das was du jetzt hast und erlaube deine Vergangenheit nicht dein aktuelles Urteil zu trüben. Du kannst Frieden in deinem Leben finden und Dankbarkeit zu üben kann dir in diesem Prozess helfen.

Mit diesen kleinen Schritten kannst du Dankbarkeit in dein tägliches Leben einbringen. Egal zu welchem Punkt die Vergangenheit dich geführt hat, du lebst, du bist präsent, und du hast die Macht etwas zu ändern. Sei dankbar für diese Segnungen und beginne zu sehen, wie sie dir helfen können endlich loszulassen und Frieden mit deiner Vergangenheit zu schließen.

KAPITEL 8: SICH WEITER ENTWICKELN

"Wir müssen bereit sein das Leben, das wir geplant hatten, loszulassen, damit war das Leben, das auf uns wartet, haben können."

Als du dieses Buch last, hast du erforscht wie du deine Vergangenheit verstehen kannst, wie sie dich zurückhält und was für bewusste Entscheidungen du treffen kannst um die Zukunft zu kreieren, die du dir wünscht. Mit dieser neuen Macht kannst du dich darauf konzentrieren die Ziele zu erreichen, die du dir selbst gesetzt hast. Laut Inspirationpro.net ist es wichtig wirklich festzulegen was diese Ziele sind und wo du in der näheren Zukunft sein möchtest, um wirklich in dem Bereich deines Lebens weiterzukommen, der dir am wichtigsten ist.

Den Schwerpunkt auf die Zukunft zu legen ist unglaublich wichtig wenn wir darüber sprechen loszulassen und uns im Leben weiterzuentwickeln. Oft fühlen wir uns wegen negativen Erfahrungen in unserer Vergangenheit paralysiert und es fällt uns schwer außerhalb der negativen Spuren, in denen wir uns befinden, zu denken. Häufig scheint es unmöglich uns zu ändern, wir zögern zu lange bevor wir den ersten definitiven Schritt in die richtige Richtung machen. Wir mögen tief in unserem Herzen zwar wissen was das Richtige wäre, aber dies in eine Handlung umzusetzen kann oft ein erhebliches Problem darstellen.

Aber das muss so nicht sein. Nachdem du dich wirklich selbst betrachtet hast und die vorherigen Kapitel befolgt hast, solltest du auf Erfolg ausgerichtet sein. Ausgestattet mi dem Wissen wie deine Vergangenheit dich zurückhält und was du tun kannst um dies zu ändern, bleibt Vorwärtsgehen der letzter Schritt um die Zukunft, die du dir wünscht, zu meistern. In diesem Sinne, hier ist eine Liste von Handlungen, die du in dein Leben integrieren kannst und die dich näher an die Ziele bringen, die du dir selbst gesetzt hast.

- **Denke als wäre es dir schon gelungen –** Deine gegenwärtigen Umstände sind das direkte Resultat von Gedanken und Entscheidungen, die du in der Vergangenheit getroffen hast. Wer du in der Zukunft bist, wird von diesem Moment entschieden in dem du jetzt gerade lebst! Setz deine Messlatte höher und strebe nach bedeutungsvollen Zielen und Erfolg. Denke als hättest du die Dinge, die du willst, schon erreicht und deine Realität wird wachsen um diese Ansprüche zu erfüllen.
- **Konzentrier dich auf ein definitives Ziel** – Dirigiere deine Energie nicht in zu viele verschiedene Richtungen. Obwohl du vielleicht in jedem Bereich Fortschritte machst, wird es sich nicht so anfühlen als wäre es eine ausreichende Weiterentwicklung. Stattdessen konzentrier dich auf jeweils ein Ziel und mach auf lediglich einem Pfad Fortschritte. Wenn du ein Ziel erreicht hast, kannst du zum nächsten vorrücken. Vorläufig konzentrier dich aber nur auf dieses eine Ziel.
- **Setz dir hohe Ziele** – Du musst zwar realistisch mit deiner Zielsetzung sein, aber unterschätze deine eigenen Fähigkeiten nicht. Es besteht eine große Chance, dass du noch stärker und noch kompetenter bist als du denkst, und du kannst vielleicht Dinge

bewältigen, die du früher als unmöglich betrachtet hast. Schränke dich nicht unnötigerweise ein. Du wirst nur wagen was du denkst du schaffst, also sage dir, dass du imstande bist Unglaubliches zu leisten.

- **Gib mehr als du bekommst** – Wenn du diese Welt und dein Leben so angehst, dass du alles was du hast gibst, wirst du belohnt werden. Gib bereitwillig, großzügig und mit den besten Vorsätzen und weiß, dass die positive Energie, die du der Welt gibst, eine der größten Belohnungen ist.
- **Tu was du liebst** – Wenn du tust was du liebst wird es dir nicht mal wie Arbeit vorkommen! Dich auf die Dinge, die dir Freude bereiten, zu konzentrieren wird dir helfen welkende Motivation oder ein nachlassendes Verlangen Ziele zu erreichen, zu vermeiden. Bestimme genau was dich wirklich glücklich macht und dann finde einen Weg das mit anderen Leuten zu teilen. Dies könnte leicht die beste Weise für dich sein um Erfolg und Glückseligkeit zu erreichen.
- **Entwickle deine Stärken weiter –** Wir sind alle mit Stärken und Fähigkeiten geboren, die uns in unserem Leben helfen können. Jeder einzelne von uns ist einzigartig und deine Kombination von Fähigkeiten hast exklusiv nur du und sie sind deshalb etwas ganz Besonderes. Ignorier diese Geschenke nicht, du hast sie aus gutem Grund. Erforsche wie diese Eigenschaften dich im Leben weiterbringen können und in dem Prozess deine Ziele zu erreichen.
- **Umgib dich mit Menschen die dich inspirieren** – Es ist eine zuverlässige Methode dich mit Menschen zu umgeben, die dich inspirieren und dir etwas geben, worauf du hinarbeiten möchtest! Wenn du Zeit mit selbstzerstörerischen und negativen Leuten verbringst, ist es unvermeidbar, dass deren Energie auf dich abreibt, oder dich zumindest beeinflusst. Das Gleiche kann man über Menschen sagen, die positive Gewohnheiten verkörpern und ein Leben leben auf das

du hoffst. Bleib nahe an Menschen dran, die immer danach streben sich zu verbessern und mehr zu erreichen, durch sich wird es für dich wahrscheinlicher deine Träume zu erreichen.

- **Bleib aufgeschlossen** – Ein unaufgeschlossener Geist ist wie eine geschlossene Tür, nichts kann rein kommen. Leute die nicht offen für neue Ideen oder Gedanken sind, hören oft auf zu lernen und selbst zu wachsen, und das ist keine gute Sache wenn du danach strebst deine Ziele zu erreichen. Es ist nicht falsch deine eigenen Ideen und Gedanken zu haben, aber sei für andere Meinungen und Vorschläge offen und empfänglich. Wir wachsen alle als Menschen wenn wir anderen aktiv zuhören und uns selbst erlauben wirklich darüber nachzudenken was sie sagen.
- **Rücke jeden Tag näher an deine Ziele heran** – Sorge dafür, dass du jeden Tag deinem spezifischen Ziel, das du erhoffst zu erreichen, mindestens ein paar Stunden widmest. Erfinde keine Ausreden und sag nie, dass du nicht Zeit hast. Man findet immer Zeit für die Dinge, die einem wichtig sind. Wenn du wirklich willst, was du behauptest dir zu wünschen, dann wirst du es als eine Priorität ansehen.
- **Reite die Welle der Eigendynamik** – Manchmal fallen dir Dinge einfach in den Schoss oder arbeiten zu deinen Gunsten, ergreife sie! Wenn sich eine gewisse Eigendynamik ergibt arbeite noch härter. Jetzt ist nicht die richtige Zeit zum Entspannen oder dich auf deinen Lorbeeren auszuruhen. Diese Zeiten können dir unglaubliche Möglichkeiten bieten und dich noch weiter bringen.
- **Konzentrier dich auf was du kannst, anstatt auf was du nicht kannst** – Versteife dich nicht auf was du nicht kannst, sondern konzentriere dich auf das was du kannst. Mit jedem Ziel gibt es eine Reihe von Aufgaben, die eine nach der anderen erledigt werden müssen damit man Erfolg hat. Sieh dir diese Aufgaben an um

festzustellen welche du erledigen kannst und belasse die schwierigeren für später. Wenn du schon ein bisschen weiter gekommen bist wirst du vielleicht feststellen, dass was einst unmöglich erschien, jetzt nicht mehr eine so große Herausforderung darstellt, wie du früher dachtest.

- **Hilf Leuten mit den gleichen Problemen wie deinen** – Unsere eigenen Probleme zu lösen, kann eine erhebliche Herausforderung für viele von uns darstellen. Oft brauchen unsere Probleme kreative Lösungen und manchmal sind die Antworten nicht immer gleich offensichtlich. Eine Möglichkeit dies anzugehen ist andere Menschen mit ähnlichen Problemen anzusprechen. Indem wir einen Schritt von uns selbst weg machen, können wir vielleicht etwas sehen dem wir zuvor gegenüber blind waren. Versuche einer anderen Person zu helfen und sie wie die realisierten Lösungen in deinem Leben angewendet werden können. Diese Art der Problemlösung wird dir letztendlich in Fleisch und Blut übergehen und Dinge, die einst schwierig erschienen, stellen jetzt eine kleinere Herausforderung dar.

Es ist wichtig, dass du deine Ziele aktiv angehst und die ersten Schritte machst sobald du kannst. Wenn du auf den perfekten Moment wartest wird er nie kommen. Triff den Beschluss heute anzufangen und beginn nach dem zu streben, was in deinem Leben wichtig ist. Wo du dich in einem, fünf oder zwanzig Jahren wiederfindest, liegt völlig in deiner Macht. Behalte diese Macht und sorge dafür, dass du das Beste aus ihr machst. Kreiere eine erfüllende Zukunft. Erinnere dich, dass du der/die Autorin deiner eigenen Geschichte bist und du kannst jedes Kapitel schreiben wie du möchtest.

FAZIT

"Das Problem wenn man zu häufig die Vergangenheit bestaunt ist, dass wir uns umdrehen und feststellen könnten, dass die Zukunft uns weggelaufen ist." - Michael Cibenko

In diesem Buch haben wir dich durch verschiedene Schritte geführt, um Kontrolle über dein Leben zu übernehmen und mächtige, negative Einflüsse aus deiner Vergangenheit zu entfernen. Öffne dich, lass los und weiß, dass diese Reise eine der mutigsten und inspirierenden Dinge ist, die du für dich selbst tun kannst. Du bist kein Opfer und du kannst wählen das Leben, das dir geboten wird, voll auszuleben; du musst nur deine Macht zurückgewinnen. Wenn du den Teil von dir gefunden hast, der loslassen will, wirst du anfangen die Person zu verkörpern, die du immer sein wolltest.

Danke nochmal, dass du dieses Buch runtergeladen hast!

Ich hoffe dieses Buch hat dir geholfen.

Schlussendlich, wenn du dieses Buch gemocht hast, nimm dir bitte Zeit deine Gedanken zu teilen und eine Kritik auf Amazon zu schreiben. Ich würde mich sehr freuen!

Nora Beck.

HAFTUNGSAUSSCHLUSS

Dieses Buch wurde lediglich geschrieben um Information und Motivation zu bieten. Der Inhalt dieses Buches ist die Meinung und Äußerung der Autorin alleine und soll nicht für eine psychiatrische Behandlung verwendet werden.

Die Information in diesem Buch wurde nicht von einem Arzt oder Psychiater geschrieben. Sie sollten einen Arzt oder Psychiater zuerst um Ratschlag und Behandlung konsultieren. Weder die Autorin noch der Herausgeber haften für emotionalen, psychischen, physischen, kommerziellen oder finanziellen Schaden, oder andere Schäden.

Sie sind verantwortlich für Ihre eigenen Handlungen, ihre eigenen Entscheidungen und die daraus resultierenden Ergebnisse.

Die Information in diesem Buch ist ausgerichtet nützliche Information zu den Themen, die darin besprochen werden, zu bieten. Dieses Buch ist nicht dafür gedacht ein medizinisches Problem zu diagnostizieren oder zu behandeln und sollte nicht dafür genutzt werden. Für eine Diagnose oder eine Behandlung eines medizinischen Problems sprechen Sie mit Ihrem Arzt. Der Herausgeber oder die Autorin sind nicht verantwortlich für spezifische Gesundheits- oder Allergiebedürfnisse, die vielleicht medizinische Betreuung benötigen und haften nicht für Schäden der negative Konsequenzen einer Behandlung, Handlung, Anwendung oder Vorbereitung, einer Person die dieses Buch liest oder die Information des Buches befolgt. Referenzen sind lediglich zu Informationszwecken zur Verfügung gestellt und stellen keine Befürwortung von Websites oder anderen Quellen dar. Leser sollten sich bewusst sein, dass die im Buch gelisteten Websites sich ändern könnten.

8996335R00027

Printed in Germany
by Amazon Distribution
GmbH, Leipzig